BEI GRIN MACHT SICH IHR WISSEN BEZAHLT

Emotionen und die Theorie der kognitiven Dissonanz

Eva Hagel

Bibliografische Information der Deutschen Nationalbibliothek:

Die Deutsche Nationalbibliothek verzeichnet diese Publikation in der Deutschen Nationalbibliografie; detaillierte bibliografische Daten sind im Internet über http://dnb.d-nb.de abrufbar.

ISBN: 9783346920645
Dieses Buch ist auch als E-Book erhältlich.

© GRIN Publishing GmbH
Trappentreustraße 1
80339 München

Druck und Bindung: Books on Demand GmbH, Norderstedt Germany
Gedruckt auf säurefreiem Papier aus verantwortungsvollen Quellen

Das Buch bei GRIN: https://www.grin.com/document/1370964

Einsendeaufgabe

Aufgabennummer: A

SRH Fernhochschule

Modul:

Allgemeine Psychologie II

Studiengang:

Psychologie B. Sc.

Verfasserin:

Eva Hagel

Inhaltsverzeichnis

Abbildungsverzeichnis

1 Entstehung, Umgang und Bedeutung von Emotionen sowie deren Regulation im beruflichen Kontext

Bestimmte Situationen, Objekte oder andere Personen können einen Menschen in einen bestimmten emotionalen Zustand versetzen. Der Mensch erlebt dann Freude, Stolz, Überraschung, Ärger, Traurigkeit, Ekel oder weitere Facetten des Innenlebens (Bak, 2019, S. 146). Die Erklärungsversuche der Wissenschaft zur Entstehung von Emotionen und der Umgang mit ihnen sollen im Folgenden dargestellt werden. Des Weiteren wird versucht, die Bedeutung des Umgangs mit Emotionen sowie deren Regulation im beruflichen Alltag zu beleuchten und den Begriff „Emotionsarbeit" am Beispiel Pflege zu erläutern.

1.1 Emotionen – Merkmale und Definition

Emotionen beschreiben ein komplexes, vielschichtiges, subjektives Konstrukt, welches mit multifaktoriellen Prozessen einhergeht. Bereits Charles Darwin (1809-1882) beschrieb angeborene grundlegende Emotionen und ihre Ausdrucksformen, die kulturübergreifend identisch sind und auch gleichermaßen erkannt werden. Weitere Forschende leiteten daraus sogenannte Basisemotionen ab. Dazu zählen unter anderem Freude, Trauer, Wut, Furcht, Ekel und Überraschung (Dörfler, Roos & Gerrig, 2018, S. 437–438).

Aus wissenschaftlicher Sicht sind die Begriffe Gefühle, Stimmungen und Emotionen voneinander abzugrenzen. Gefühle beziehen sich ausschließlich auf subjektives Erleben wie beispielsweise Lust und Unlust. Stimmungen hingegen sind diffuse, eher weniger intensive Zustände, die zum einen längere Zeit andauern können und sich zum anderen nicht auf ein bestimmtes Objekt beziehen. Emotionen dagegen beinhalten eine Mischung aus mehreren Merkmalen. Dazu gehört die Empfindung eines Gefühls wie Ärger, Freude oder Angst (Affektivität), die angenehme oder unangenehme Ausrichtung eines Erlebnisses (Valenz), der Bezug zu einem bestimmten Objekt oder einer bestimmten Situation und eine begrenzte zeitliche Dauer. Somit können Emotionen auch klar von Persönlichkeitseigenschaften abgegrenzt werden. Weiterhin sind einhergehend mit Emotionen messbare physiologische Veränderungen zu beobachten, wie beispielsweise Atmungs- oder Blutdruckveränderungen sowie ein bestimmtes Ausdrucksverhalten, was sich unter anderem an der Mimik ablesen lässt. Dazu kommen gewisse Denkweisen (Kognitionen), welche Prozesse zur Informationsaufnahme und -verarbeitung beeinflussen und bestimmte Handlungen, wie ein nervöses Fingertrommeln auf dem Tisch. Darüber hinaus besitzen Emotionen auch einen motivationalen Faktor, der ein Streben nach positiven

Erlebnissen / Emotionen und eine Vermeidungshaltung negativer Situationen begünstigt (Bak, 2019, S. 155; Eder & Brosch, 2017, S. 188; Jansen, 2018, S. 10; Myers, 2014, S. 496; Strobach, 2019, S. 51).

Wenngleich aufgrund dieser beschriebenen komplexen Struktur eine einheitliche Definition in der Wissenschaftswelt noch aussteht, beschreiben Eder und Brosch (2017) Emotionen wie folgt: „Eine Emotion ist eine auf ein bestimmtes Objekt ausgerichtete affektive Reaktion, die mit zeitlich befristeten Veränderungen des Erlebens und Verhaltens einhergeht." (S. 188)

Zusammenfassend sind in der folgenden Abbildung die Hauptkomponenten einer Emotion und ihre wechselseitige Beeinflussung noch einmal dargestellt. Zudem haben Studien ergeben, dass es auch einen losen Zusammenhang zwischen den Komponenten untereinander zu geben scheint, auch wenn nicht alle Komponenten immer zusammen auftreten müssen (Müsseler & Rieger, 2017, S. 192).

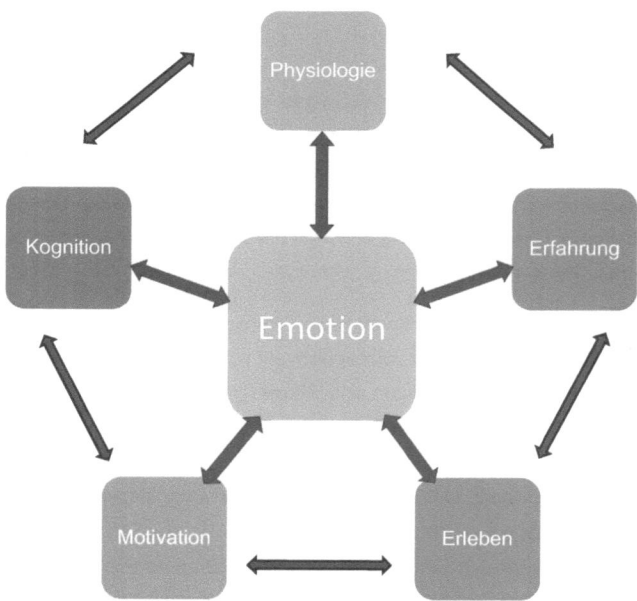

Abb. 1.: Beziehungssystem Emotion

Quelle: Eigene Darstellung in Anlehnung an Müsseler und Rieger, 2017, S. 189

Emotionen beeinflussen (oft unbemerkt) unser Denken, unsere Wahrnehmung, Bewertungen, Entscheidungen und unser Gedächtnis – also unser ganzes Sein. Da diese Beeinflussung eine wechselseitige Beziehung darstellt, erklärt sich, weshalb eine exakte Erfassung und präzise

Untersuchung sich schwierig gestaltet, zumal auch Ausdrucksverhalten manipuliert werden kann und gleiche Ereignisse bei verschiedenen Menschen aufgrund unterschiedlicher Bewertungsmaßstäbe verschiedenartige Emotionen auslösen können. (Jansen, 2018, S. 11; Rothermund, 2015, S. 153–154)

1.2   Ausgewählte Theorien zur Entstehung von Emotionen

Die Emotionspsychologie sucht Antworten auf die Fragen nach Funktionsweise, und Zweck von Emotionen, auf die Fragen nach Auswirkungen, nach Ursachen und Begleiterscheinungen sowie nach einer neurophysiologischen Verortung und letztendlich nach ihrer Entstehung (Horstmann & Reisenzein, 2018, S. 428; Rothermund, 2015, S. 152).

Über die Entstehung von Emotionen existiert keine alleinige, allgemein gültige Erklärung, sondern zahlreiche kontroverse wissenschaftliche Ansichten und Theorien, von denen einige im Folgenden kurz vorgestellt werden. Die Überlegungen haben ihren Ursprung bereits in der Antike (Leib-Seele-Problem) und bestehen bis zum heutigen Tag (moderne Emotionspsychologie). Verschiedene Ansätze bauen aufeinander auf oder zeigen gegensätzliche Ansichten, wurden und werden weiterentwickelt und nehmen bis heute Einfluss auf aktuelle Forschungen.

So untersuchen neuro- und psychophysiologische Ansätze, welche Beteiligung organische Prozesse an Emotionen haben und möchten zugleich eine Antwort auf die Frage finden, ob körperliche Abläufe Ursache oder Folge von Emotionen sind. In diesem Zusammenhang sind die Wissenschaftler William James (1842-1910) und Carl Lange (1834-1900) zu nennen, nach deren Theorie (James-Lange-Theorie) körperliche Reaktionen Ursache von Emotionen sind. Auf einen Reiz folgt also eine körperliche Reaktion, aufgrund derer die Emotion entsteht. Diese körperliche Reaktion wird laut James einerseits von angeborenen diskreten (voneinander verschiedenen) Emotionsmechanismen erzeugt, die im Laufe der Evolution entstanden sind. Andererseits ist es möglich, diese Emotionsprogramme in gewissem Rahmen durch Lernprozesse zu verändern. Über die Nützlichkeit von Emotionen bezüglich einer besseren Anpassung an die Umwelt war seine Meinung zwiespältig.

Kritiker seiner Theorie vertreten unter anderem die Ansicht, dass die Geschwindigkeit körperlicher Veränderungen zu gering sei, um *vor* der Emotion aufzutreten und dass sich auch körperliche Reaktionen *nach* einer Emotion einstellen können. Allerdings konnten in den 1970er Jahren Forschende mittels Experimenten zeigen, dass eine künstliche Veränderung der Mimik Einfluss auf das emotionale Erleben haben kann (Facial-Feedback-Hypothese), was somit in diesem Punkt die James-Lange-Theorie stützt (Becker-Carus & Wendt, 2017, S. 544;

Brandstätter, Schüler, Puca & Lozo, 2018, S. 209–210; Kiesel & Spada, 2018, S. 430; Sokolowski, 2013, S. 228).

Der Neurowissenschaft heutzutage ist es neben der präzisen Messung verschiedener neuro-
physiologische Parameter aufgrund modernster Verfahren wie beispielsweise der funktionel-
len Magnetresonanztomografie möglich, live zu verfolgen, welche Hirnareale durch Emotionen
aktiviert werden. Damit kommt die Wissenschaft der Frage nach dem „Wo" zwar näher, jedoch
bleibt das Rätsel bisher ungelöst, wie genau Emotionen entstehen und woraus sie bestehen
(Brandstätter et al., 2018, S. 211). Auch sind die meisten der heute forschenden Personen der
Ansicht, dass Emotionen insgesamt mehr zum Nutzen als zum Schaden gereichen und somit
dem Individuum eine bessere Anpassung an die Umwelt ermöglichen (Adaptivität). Insgesamt
ist James´ Theorie wissenschaftlich eher nicht haltbar, diente jedoch als Grundlage und An-
stoß für zahlreiche weitere Untersuchungen und Forschungen und ist somit für ihren weitrei-
chenden Einfluss zu würdigen (Kiesel & Spada, 2018, 453+455).

Des Weiteren existieren evolutionsbiologische Theorien, welche sich mit den angeborenen
Emotionsfaktoren beschäftigen und Emotionen bezüglich ihrer Funktion nach Überleben untersuchen. Erwähnenswert ist hier die Theorie der diskreten Basisemotionen, die in rudimen-
tärer Form bereits von William James skizziert und von William McDougall (1871-1938) aus-
gearbeitet wurde. McDougall beschreibt sieben angeborene diskrete Emotionsprogramme, die
im Laufe der Evolution durch natürliche Selektion entstanden sind. Daneben gibt es behavio-
ristisch-lerntheoretische Ansätze, deren Vertreter*innen Emotionen als Produkte verschiedener Lernerfahrungen ansehen. Emotionen können ihrer Meinung nach durch klassisches und
instrumentelles Konditionieren erlernt und verlernt werden. Allerdings wird subjektives Empfinden dabei ausgeklammert und nur rein messbare beziehungsweise beobachtbare Elemente
einbezogen (Brandstätter et al., 2018, S. 202–206; Kiesel & Spada, 2018, S. 462).

Weitere Erklärungsversuche sind die kognitiven Emotionstheorien. Wegbereiter dieser Theorien war Stanley Schachter (1922-1997), welcher der physiologischen Erregung Kognitionen
hinzufügte. Laut seiner „Zwei-Faktoren-Theorie" löst ein Ereignis eine unspezifische körperliche Erregung aus, welche ihre Ursache in einer bestimmten Situation hat und Kognitionen
lassen daraus eine Emotion entstehen. Das bedeutet, dass sich erst durch des Menschen
Einschätzung und Bewertung eines Umstands aufgrund seiner persönlichen Ziele und Bedürfnisse eine Emotion bildet. Trotz der empirischen Unhaltbarkeit dieser Theorie bauen auch auf
ihr weitere Forschungsideen und -arbeiten auf (Brandstätter et al., 2018, S. 212–213; Sokolowski, 2013, S. 230–231).

Zusätzliche Emotionstheorien auf kognitiver Basis (Einschätzungstheorien) folgten unter anderem von Richard Lazarus (1922-2002), der einen dynamischen Emotionsentstehungspro-
zess annahm. Laut seiner Meinung bedarf es einer primären Einschätzung eines Ereignisses

bezüglich unseres Wohlbefindens, worauf eine sekundäre Einschätzung der subjektiven Bewältigungsoptionen folgt, aufgrund dessen eine Emotion resultiert. Jede neue Information währenddessen führt zu einer Neubewertung der Situation (Brandstätter et al., 2018, S. 214).

Da diese Theorie auch nicht allumfassend zufriedenstellend war, differenzierten unter anderem die Forschenden Ortony, Clore und Collins die Einschätzungstheorie weiter aus. Bei ihrem Ansatz, der OCC-Theorie, existieren 11 positive und 11 negative Emotionen als Basis für die Kognitionen, wobei alle weiteren Emotionen als Subformen zu behandeln sind. Weiterhin unterscheiden sie Ereignisse, Handlungen und Objekte als Emotionsgegenstände, die unterschiedlich bewertet werden und somit zu unterschiedlicher Emotion führen (Kiesel & Spada, 2018, S. 437).

Die Einschätzungstheorie kann somit tatsächlich einige emotionspsychologische Fakten erklären, wie beispielsweise die Differenziertheit der Emotionen, interindividuelle unterschiedliche emotionale Reaktionen auf gleiche Ereignisse, ähnliche Reaktionen auf unterschiedliche Situationen oder Änderung der Emotion aufgrund der Veränderung der Einschätzung. Obgleich eine gewisse empirische Unterstützung vorliegt, weisen Kritiker darauf hin, dass es immer noch eine Bandbreite von Emotionen gibt, die sich mit dieser Theorie nicht erklären lassen und somit weitere Faktoren vorhanden sein müssen, die am komplexen Entstehungsprozess von Emotionen beteiligt sein müssen. Zudem herrscht Uneinigkeit darüber, welche Einschätzungen in welcher Reihenfolge relevant sind und wie Kognitionen in körperlichen und motivationalen Strukturen Veränderungen hervorrufen können (Eder & Brosch, 2017, S. 211; Kiesel & Spada, 2018, S. 442–443).

Neben den vorgestellten Emotionstheorien gibt es noch die konstruktivistischen Ansätze, die eine Emotionsentstehung aufgrund emotionaler Kategorisierung von unspezifischen affektiven Zuständen beschreiben. Die Grundlage einer körperlichen Reaktion bilden Rohgefühle - oder Basisaffekte genannt - welche durch eine emotionale Kategorisierung eingeordnet werden, woraus eine Emotion resultiert, die mit einem bestimmten erlernten emotionalen Skript übereinstimmt. Diese Skripte werden weitgehend aufgrund sozialer, kultureller Werte, Normen und Überzeugungen im Laufe eines Lebens gebildet. Jedoch ist auch diese Idee noch nicht ausgereift, da unter anderem nicht geklärt ist, wodurch Basisaffekte ausgelöst werden und wie das Auftreten universeller Emotionen erklärt werden kann (Kiesel & Spada, 2018, S. 468; Müsseler & Rieger, 2017, S. 212).

1.3 Umgang mit Emotionen, Emotionsregulation im beruflichen Kontext und Emotionsarbeit am Beispiel Pflege

Emotionen nehmen im alltäglichen Leben eine bedeutende, zentrale Position ein. Ihr Empfinden dient uns als Kommunikationsmittel, als sekundenschnelles Bewertungssystem, als Orientierungshilfe und als Informationsgeber wichtiger Bedürfnisse. Darüber hinaus besitzen sie eine verhaltensvorbereitende und verhaltenssteuernde Funktion und regulieren menschliche Interaktionen. Allerdings können Emotionen auch selbst Gegenstand der Regulation werden. Emotionsregulation wurde bisher nicht einheitlich definiert, beschreibt jedoch sämtliche Prozesse und Handlungsspielräume einer Person, um auf die Art der Emotion, ihr zeitliches Auftreten, ihre Intensität und den dazugehörigen Ausdruck Einfluss zu nehmen. Diese Herausforderung muss bereits im Kindes- und Jugendalter bewältigt werden, denn erlebte Emotionen können/dürfen nicht immer adäquat gezeigt und Verhalten danach ausgerichtet werden. In manchen Situationen ist es zwingend notwendig, seine Emotionen zu kontrollieren, zu regulieren. Dies betrifft sowohl die Unterdrückung unerwünschter Emotionen als auch das Herbeiführen erwünschter Emotionen sowie die Intensivierung, Reduktion und Aufrechterhaltung von positiven und negativen Gefühlen. Dies kann auf bewusstem oder automatischem Wege vollzogen werden (Brandstätter et al., 2018, S. 222; Müsseler & Rieger, 2017, S. 212; Otterpohl, 2018, S. 109).

Die Gründe für eine Emotionsregulation können vielfältig sein. Einerseits gibt es hedonistische Gründe, andererseits existieren sozial motivierte Beweggründe. Dabei kann das Ziel einer Person sein, einen guten Eindruck beim Gegenüber zu hinterlassen (impression Management) oder der Mensch möchte aufgrund prosozialer Ziele seine Emotionen kontrollieren, um Mitmenschen zufriedenzustellen beziehungsweise ihnen nicht zu schaden, indem er beispielsweise Enttäuschung verbirgt. Weiterhin besteht die Möglichkeit mit einem bestimmten emotionalen Verhalten andere Menschen zu beeinflussen, um ein Bedürfnis erfüllt zu bekommen - zum Beispiel Trost aufgrund kontrolliert eingesetzter Tränen (Brandstätter et al., 2018, S. 224).

Dies alles setzt ein umfangreiches und detailliertes Wissen über Emotionen voraus. Es umfasst Kenntnisse über eigene Emotionen, situationsangemessene, der Norm entsprechende Emotionen plus Wissen über die Emotionen der Mitmenschen. Welches Verhalten bei der Emotionsregulation einer Norm entspricht, hängt von kulturspezifischen, geschlechtsspezifischen oder arbeitsbezogenen Normen ab. Diese vorgegebenen Regeln zur Emotionsdarstellung unabhängig der tatsächlich gefühlten Emotionen werden Display Rules genannt (Bak, 2019, S. 158; Brandstätter et al., 2018, S. 225–226).

Mit welchen Strategien Menschen ihre Emotionen regulieren, wurde von verschiedenen Wissenschaftler*innen erforscht. Ein Ansatz stammt von James Gross, der antezedenzfokussierte und reaktionsfokussierte Regulationsstrategien unterscheidet. Erstere setzen bereits bei der Auslösung der Emotionen an beziehungsweise bei der frühen Entstehungsphase einer Verhaltenstendenz und sind in vier Subtypen unterteilt: Situationsauswahl (Vermeidung), Modifikation der Situation (aktive Gestaltung), Aufmerksamkeitslenkung und Neubewertung (kognitive Veränderung). Bei den reaktionsfokussierten Strategien ist das Ziel eine Veränderung der bereits eingetretenen Emotionsreaktion. Sie sollen Einfluss auf die physiologische Erregung (zum Beispiel durch Sport oder Süßigkeiten), auf das Gefühl (durch Rumination) und auf den Emotionsausdruck (durch Unterdrückung) nehmen (Brandstätter et al., 2018, S. 229–231). In Experimenten wurde herausgefunden, dass sich die Regulationsstrategie Neubewertung besser als Unterdrückung eignet, da sie kaum kognitive Ressourcen beansprucht (Brandstätter et al., 2018, S. 235–236)

Nicht nur im privaten Alltag von Kindern, Jugendlichen und Erwachsenen spielt Emotionsregulation eine große Rolle, sondern auch in der Arbeitswelt. In vielen Berufen hängt Emotionsregulation direkt mit beruflichem Erfolg zusammen. Das heißt, dass von Führungskräften und Beschäftigten das Zeigen bestimmter Emotionen erwartet wird. Bei Verkäufer*innen, in Pflegeberufen – nahezu im gesamten Dienstleistungsgewerbe - oder bei der Polizei stellt Emotionsregulation eine alltägliche Arbeitsanforderung dar. Arlie Russell Hochschild (1940) prägte für das Kontrollieren von Emotionen im Arbeitsleben den Begriff „Emotionsarbeit". Es geht in diesem Zusammenhang um das konkrete Herbeiführen oder Unterdrücken von positiven beziehungsweise negativen Gefühlen, um ein bestimmtes berufliches Bild dem Gegenüber zu vermitteln und so bei den Kund*innen eine gewisse Wirkung zu erzielen, wie beispielsweise ein Zufriedenheitsgefühl. Eine konkrete Definition lautet: „Emotionsarbeit – auch emotional labor genannt – ist nach Hochschild (1990) eine bezahlte Arbeit, bei der ein Management der eigenen Emotionen notwendig ist. Dieses Management hat zur Folge, dass durch Mimik, Stimme und Gestik ein bestimmtes Gefühl zum Ausdruck gebracht wird, unabhängig davon, ob dies mit den eigenen inneren Empfindungen übereinstimmt oder nicht." (Kauffeld & Martens, 2018, S. 287). Emotionsarbeit stellt also eine Schlüsselqualifikation für zahlreiche Berufe dar und spielt somit eine wichtige Rolle im gesamten beruflichen Kontext.

Konkret gibt es zum Beispiel für die Pflegekraft Frau Kreier in einem Alten- und Pflegeheim die Anforderung, im Sinne des Unternehmens stets situationskonforme Emotionen zu zeigen und andere zu unterdrücken. Frau Kreier ist angehalten, bei den Bewohner*innen gute Laune, Freundlichkeit und Freude zu versprühen, Sympathie, Verständnis und Geduld zu zeigen und bei einem Todesfall den Angehörigen gegenüber Trauer und Mitgefühl entgegenzubringen. Daneben soll sie auf kranke Bewohnende hoffnungsvoll und tröstend zugehen und dabei nicht sichtbar werden lassen, dass diese Fürsorge und pflegende Tätigkeit anstrengend ist (Schmedes, 2021, S. 52).

Um dies zu bewerkstelligen, können bestimmte Strategien angewendet werden:

- Automatisierte Emotionsregulation: Frau Kreier fühlt die geforderte Emotion tatsächlich und muss sich nicht anstrengen, regulierend einzugreifen.
- „Surface acting" (Oberflächenhandeln): Emotionsverhalten muss aktiv unterdrückt werden. Frau Kreiers subjektives Gefühl bleibt bestehen (Ärger über eine sehr fordernde, undankbare Bewohnerin), während der dazugehörige Ausdruck (wütendes Gesicht) nicht gezeigt werden darf. Emotion und Ausdruck stimmen also nicht überein (emotionale Dissonanz), was zu gesundheitlicher Belastung führen kann wie Erschöpfung, Schlaflosigkeit oder Burn-out.
- „Deep acting" (Tiefenhandeln): Dies setzt bereits früh im Entstehungsprozess der Emotion an und Frau Kreier kann mittels kognitiver Techniken eine Entfaltung der unangenehmen Emotion zu verhindern versuchen, so dass Emotion und Ausdruck übereinstimmen. Im Allgemeinen wirkt sich diese Kongruenz positiv auf das Wohlbefinden der Beschäftigten aus (Brandstätter et al., 2018, S. 227; Holz & Zapf, 2009, S. 758; Nerdinger, Blickle, Schaper & Solga, 2019, S. 638).

Eine Technik des Tiefenhandelns kann dabei Entspannung sein. Frau Kreier atmet tief durch und sagt sich, dass Ärger zu nichts führt und dass einige unfreundliche Menschen eben auch zu ihrem Arbeitskontext gehören. Sie kann auch versuchen, sich besonders auf die pflegerische Tätigkeit zu konzentrieren, um so emotionalen Regungen keinen Raum zu geben. Oder sie wendet die Stanislawski-Methode an, indem sie versucht, sich ein mentales Bild zu kreieren, welches sich mit den geforderten Emotionen im Gleichklang befindet. Vielleicht kann sie auch Unsicherheit oder Hilfsbedürftigkeit hinter den schroffen Worten der Bewohnerin erkennen und es mit dieser Neubewertung der Situation schaffen, dass der Ärger nicht zur Entfaltung gelangt und sie keine Emotion unterdrücken muss. Mittels dieser Strategien kann sie eine Übereinstimmung zwischen Emotion und Ausdruck herbeiführen. (Kauffeld & Martens, 2018, S. 289; Schmedes, 2021, S. 51).

Die Wahrnehmung der Emotionen der Mitmenschen und die dementsprechende Ausrichtung der eigenen Emotionen erfordert ein hohes Maß an Sensitivität und Anstrengung, da neben den Regulationsanforderungen häufig auch noch positive Gefühle beim Bewohner oder der Kundin erzeugt werden sollen. Werden die Anforderungen nicht gemeistert, kann es passieren, dass Frau Kreier wütend aufbraust und ihren Emotionen freien Lauf lässt. Hier wird von emotionaler Devianz gesprochen und kann vom Arbeitgeber sanktioniert werden, da die beruflichen Anforderungen nicht erfüllt werden (Holz & Zapf, 2009, S. 758–759; Kauffeld & Martens, 2018, S. 289). Allerdings bedarf es noch einige Forschungen zu den Konsequenzen von

Emotionsarbeit, da die Wirkung auf die Gesundheit zusätzlich von verschiedenen Moderator-variablen beeinflusst wird. Dazu zählen unter anderem Verhalten von Vorgesetzten, Kunden-verhalten und die eigene Einstellung zur Tätigkeit (Nerdinger et al., 2019, S. 638).

Abschließend lässt sich festhalten, dass der Umgang mit Emotionen in einem angemessenen Maße sowohl im privaten als auch beruflichen Kontext zwingend notwendig ist, um ein gutes soziales Miteinander zu erleben. Welche Regulationsstrategien dabei zum Einsatz kommen, hängt stark von der jeweiligen Situation und weiteren Faktoren ab. Wichtig für alle Beteiligten ist dabei, eine innere Balance zwischen Emotionserleben und -regulation zu finden, um Wohl-befinden auf sämtlichen Ebenen anzustreben.

2 Theorie der kognitiven Dissonanz und ihre Anwendung im Kundenkontakt

Im folgenden Kapitel wird ein Phänomen aus dem Bereich der Sozialpsychologie erklärt, was nahezu jeden Menschen betrifft - kognitive Dissonanz. Die Theorie der kognitiven Dissonanz und deren Auswirkungen werden erläutert und aufgezeigt, wie sich diese Theorie auf das Ver-halten von Kunden anwenden lässt.

2.1 Definition: Theorie der kognitiven Dissonanz

Der Mensch bewegt sich ständig in einem komplexen Geflecht aus Denken, Erinnerungen, Empfindungen, Werte, Annahmen und Wahrnehmungen bezüglich sich selbst und anderen. Diese Kognitionen bilden ein multifaktorielles Beziehungssystem mit unterschiedlich intensi-ven Verknüpfungen, innerhalb dessen Spannungen empfunden werden, wenn mindestens zwei der erlebten Kognitionen nicht in Einklang miteinander gebracht werden können. Da sich diese Spannungen unangenehm anfühlen, ist der Mensch stets versucht sie abzubauen (Fi-scher, Jander & Krueger, 2018, S. 20; Raab, Unger & Unger, 2022, S. 47–48).

Der Wissenschaftler Leon Festinger (1919-1989) hat daraus die Theorie der kognitiven Disso-nanz entwickelt, welche sich als eine der einflussreichsten Theorien der Sozialpsychologie darstellt. Eine Definition lautet: „Kognitive Dissonanz lässt sich als ein aversiver motivationaler Zustand beschreiben, der das Individuum dazu motiviert, diesen Zustand abzubauen (Festin-ger, 1957).“ (zitiert nach Fischer et al., 2018, S.20). Festinger führt aus, dass wenn ein rele-vanter Zusammenhang zwischen zwei als widersprüchlich empfundenen Kognitionen wahrge-nommen wird, eine Entstehungsmöglichkeit zu kognitiver Dissonanz gegeben ist. Das heißt, beide *„Elemente stehen in einer dissonanten Beziehung, wenn – zieht man nur diese beiden* *in Betracht – das Gegenteil des einen Elements aus dem anderen folgt.*" (Festinger, 2020, S. 26). Kognitionen, die in keinem Beziehungsverhältnis zueinanderstehen, werden hier nicht berücksichtigt (Festinger, 2020, S. 26; Fischer et al., 2018, S. 19).

Widersprüchlichkeiten unter Kognitionen (Dissonanzen) können dann vorliegen, nachdem eine Entscheidung gefällt wurde, wenn wahrgenommene Kognitionen nicht mit der Handlung konsonant sind, wenn Verhalten aufgrund von Belohnung oder Bestrafung gezeigt wird, welches nicht mit der eigenen Meinung übereinstimmt oder wenn neue Informationen auf vorhandene Denkweisen treffen. Da diese Widersprüchlichkeiten aufgelöst werden möchten, um ein positives Selbstkonzept zu bestätigen, liegt ein stetiges Streben nach Harmonie beziehungsweise nach Konsistenz unter den Kognitionen vor. Dieser Druck zur Dissonanzreduktion oder -vermeidung kann in Verhaltens- und Kognitionsänderungen münden. Die Stärke der Dissonanz kann variieren und ist von unterschiedlichen Faktoren abhängig - unter anderem ist die Dissonanz umso stärker je größer die persönliche Bedeutung eines Objekts für eine Person ist. Auch Persönlichkeitsunterschiede spielen bei der Art der empfunden Dissonanz sowie der Intensität der Reaktion darauf eine wichtige Rolle (Festinger, 2020, S. 253–259; Kindermann & Javor, 2020, S. 230; Raab et al., 2022, S. 49).

Festinger erarbeitete drei Möglichkeiten, mittels derer eine Reduktion der Dissonanz erfolgen kann:

1. Indem ein oder mehrere beteiligte Faktoren geändert werden. Das heißt, die Person kann beispielsweise ihre Einstellungen und/oder ihr Verhalten beziehungsweise ihre Handlung verändern.

2. Indem neue kognitiv konsonantische Elemente hinzugefügt werden, was bedeutet, dass die Person aufgrund neuer Informationen ihr Wissen erweitern könnte, was zu einer Bekräftigung der dominierenden Kognition und somit zu angestrebter Konsonanz beitragen würde.

3. Indem die Wichtigkeit der dissonanten Komponenten vermindert wird, was durch eine Entkräftung der dissonanten Kognitionen herbeigeführt werden könnte (Festinger, 2020, S. 19+256).

Weitere Forschende erweiterten Festingers Wege und differenzierten insgesamt fünf Wege zur Dissonanzverminderung aus. Sie nennen Addition konsonanter Kognitionen, Subtraktion dissonanter Kognitionen, Substitution dissonanter durch konsonante Kognitionen, Erhöhung der Wichtigkeit konsonanter Kognitionen und Reduktion der Wichtigkeit dissonanter Kognitionen. Festinger zufolge hat die Theorie der kognitiven Dissonanz einen großen Anwendungsbereich und lässt sich nahezu in jedem Kontext nachweisen (Festinger, 2020, S. 267; Fischer et al., 2018, S. 21).

2.2   Anwendung der Theorie der kognitiven Dissonanz im direkten Kundenkontakt

In Alltagssituationen kann jeder Mensch kognitive Dissonanz an sich selbst feststellen. Muss eine Person zwischen zwei oder mehreren Alternativen entscheiden, gerät sie in einen inneren Konflikt. Kognitive Dissonanz stellt sich dann unweigerlich als Konsequenz einer getroffenen Entscheidung ein, wobei die Stärke abhängig ist von der Wichtigkeit der Entscheidung, der Bedeutung des Produkts für die Person und vom Reiz oder den Vorteilen der nichtgewählten Option. Daraus resultieren die Versuche und die Motivation, die getroffene Wahl zu rechtfertigen und die relative Attraktivität der nichtgewählten Variante zu reduzieren. Hierbei spielt auch die Tendenz eine Rolle, gewisse Informationen selektiv wahrzunehmen und so zu verarbeiten, dass sie einen dissonanzreduzierenden Effekt besitzen (Festinger, 2020, S. 56; Raab et al., 2022, S. 49).

Herr Schäff zum Beispiel ist angestellter Frisör und liebt Eier in sämtlichen Variationen. Da er große Mengen Eier verspeist, ist ihm der Preis sehr wichtig, vor allem angesichts der hohen Inflation der letzten Monate. Bisher kaufte er deshalb immer im Supermarkt Eier aus Bodenhaltung. Dass es den Hühnern dort eher nicht so gut geht, weiß er zwar, hat aber keine weiteren konkreten Informationen. Somit konnte er diesen Punkt gut verdrängen und den Verzehr sich selbst gegenüber mit den gestiegenen Lebenshaltungskosten rechtfertigen. Doch nun sieht er im Fernsehen eine Dokumentation von Tierschützern, die die wahren, mitunter schockierenden Haltungsbedingungen von Bodenhaltungshühnern aufdeckten. Als er auf dem Weg zur Arbeit wie immer über den Markt läuft, fällt ihm ein Stand eines Bauern mit Wanderhühnern auf und die Dokumentation kommt ihm wieder in den Sinn. Herr Schäff wird neugierig und lässt sich das Prinzip „Wanderhühner" erklären. Der Bauer erzählt ihm begeistert vom vielen Platz und großen Auslauf seiner Tiere. Dadurch, dass die Hühner mitsamt Stall auf ein neues Stück Wiese gestellt werden, wenn die alte Stelle abgegrast ist, könne er gänzlich auf Medikamente verzichten, da Keime keine Chance hätten, sich zu verbreiten. Die Gesundheit der Tiere spiegelt sich dadurch in der Qualität der Eier wider und überträgt sich so auf das Wohlbefinden der Verbraucher — auch wenn der Preis dafür etwas teurer ist.

Die neuen Informationen dieses Kundengesprächs aktivieren nun eine starke Dissonanz zwischen Herrn Schäffs Kognitionen und beeinflussen seine Entscheidung. Er muss nun den Konflikt Tierwohl gegen persönliche Finanzen lösen, was bedeutet, dass er auf die positiven Faktoren der nicht gewählten Variante verzichten und die Nachteile der gekauften Option akzeptieren müsste (Kindermann & Javor, 2020, S. 234).

Folgende Kognitionen und Informationen stehen sich nun bei Herrn Schäff gegenüber:

Eier aus Bodenhaltung   Eier von Wanderhühnern

Abb. 2: Gegenüberstellung gegensätzlicher Kognitionen

Quelle: Eigene Darstellung

Entscheidet sich Herr Schäff für den Kauf der Wanderhühner-Eier, rationalisiert er seine Ent-scheidung, indem er sich beispielsweise sagt, dass er sich aktiv für Tierschutz einsetzt, den heimischen Bauern unterstützt und gleichzeitig seiner Gesundheit dienlich ist. Insofern ist der etwas höhere Preis durchaus gerechtfertigt.

Entscheidet sich Herr Schäff dafür, weiterhin die Bodenhaltungseier zu kaufen, wird er seine Wahl in die entgegengesetzte Richtung rationalisieren. Diesmal könnte er sich zum Beispiel sagen, dass sicher nicht alle Ställe mit Bodenhaltung so schlechte Bedingungen haben, wie die Dokumentation gezeigt hat und dass er nicht schuld ist, wenn er eben nicht mehr Geld zur Verfügung hat sowie, dass seine Gesundheit bestimmt nicht so sehr leidet, da er ja auch viel Sport treibt.

Wie auch immer Herr Schäff sich am Point of Sale entscheidet, er wird unbewusst nachträglich seine Überzeugungen und Einstellungen der Kaufentscheidung anpassen, um mögliche Zwei-fel gering zu halten oder zu eliminieren (Nachkaufdissonanz). Damit gibt er den Vorteilen der gekauften Eier ein größeres Gewicht und lässt die negativen Faktoren geringer erscheinen. Mit den nichtgewählten Eiern verhält es sich entgegengesetzt. Hier wird Herr Schäff die posi-tiven Faktoren abwerten und die negativen hervorheben. Zur mentalen Unterstützung wird er regelrecht nach Informationen zur Bestätigung und Untermauerung seiner Kaufentscheidung suchen und störende Gedanken ignorieren. (Kindermann & Javor, 2020, S. 233).

Möchte der Verkäufer, in diesem Fall der Hühnerbauer, dazu beitragen, dass sich Herr Schäff mit seiner Kaufentscheidung gut fühlt und seine Eier in Zukunft nur noch bei ihm kauft, kann er ihn nach seinem Kauf bestätigen und bekräftigen, auf jeden Fall eine sehr gute Wahl getroffen zu haben (Hecker, 2019, S. 78).

Zum einen haben Forschende Festingers Theorie der kognitiven Dissonanz modifiziert und versucht, alternative Erklärungen zu formulieren, zum anderen haben sie darauf aufgebaut und neue Untersuchungen in diesem Bereich durchgeführt. Egal welche Erklärungsansätze sich in Zukunft durchsetzen werden, Festingers Theorie ist aufgrund ihres bedeutenden Einflusses zu würdigen.

3   Methoden zur Messung impliziter Motive und Anwendung in der Eignungsdiagnostik

Emotion und Motivation sind eng verwobene Bereiche, die einander wechselseitig bedingen. Motive bestimmen dabei, was der Mensch erreichen möchte, was ihn antreibt und Emotionen zeigen auf, ob das angestrebte Ziel erreicht wurde. Die drei grundlegenden Motive sind dabei das Leistungsmotiv, das Anschlussmotiv und das Machtmotiv. Forschende der Motivationspsychologie – besonders David McClelland (1917-1998) - die sich mit dem komplexen Feld von zielgerichtetem Verhalten der Menschen befassen und dessen Aspekte und Zusammenhänge analysieren, haben nach vielen kontroversen Debatten zwei unabhängige, aber dennoch funktional zusammenwirkende Motivsysteme herauskristallisiert. Das implizite Motivsystem und das explizite Motivsystem, die jeweils einer unterschiedlichen Messung bedürfen (Brandstätter & Otto, 2009, S. 13; Brandstätter et al., 2018, S. 4 + 82; Scheffer, 2009, S. 29–31). Im folgenden Kapitel soll die Messung und die dazugehörigen Methoden impliziter Motive näher erläutert werden sowie abgewogen werden, inwieweit eine Messung impliziter Motive im Rahmen der Eignungsdiagnostik sinnvoll erscheint.

3.1   Messung impliziter Motive

Das implizite und das explizite Motivsystem sind zwar unabhängige Konstrukte, stehen jedoch in einer engen Beziehung, indem implizite Motive dem Verhalten Energie geben und explizite Motive dieser Energie eine Richtung verleihen. Implizite Motive beruhen auf ontogenetisch frühen, affektiven Erfahrungen und sagen operantes Verhalten voraus (spontane, schnelle, auf Eigeninitiative beruhende Reaktionen). Sie sind dem Bewusstsein nicht direkt zugänglich und können deshalb nur indirekt gemessen werden. Die Person kann sich also bezüglich impliziter Motive nicht aktiv selbst reflektieren, wie bei der Messung expliziter Motive, welche motivationale Selbstbilder auf kognitiver Basis darstellen und deshalb mittels Fragebögen erfasst werden können (Brandstätter et al., 2018, S. 82–83; Sokolowski, 2013, S. 254).

Ein Hauptmerkmal bei der Erhebung von Daten mittels indirekter Messmethoden ist die Verschleierung des Erkenntnisziels. Die untersuchte Person soll nicht wissen, welches Ziel mit ihrer Antwort bezweckt wird und welche Schlussfolgerung daraus gezogen werden kann, weshalb diese Verfahren die rationale Kontrolle versuchen zu umgehen (Kirchmair, 2022, S. 71+93).

Neben den assoziativen Methoden, Verfremdungstechniken und nonverbalen Verfahren gehören zu den indirekten Messmethoden unter anderem projektive Verfahren, von denen Forschende hoffen, dass unbewusste, psychische Prozesse der Proband*innen auf äußere Projektionssituationen oder Projektionsobjekte übertragen werden und so dem Forschenden Einblick in das Innere dieses Menschen gewähren, ohne dass er es merkt. Diese Verfahren sind in der Wissenschaftswelt zwar umstritten, werden aber dennoch in der Praxis gerne eingesetzt (Asendorpf & Neyer, 2017, S. 180; Eid, Gollwitzer & Schmitt, 2017, S. 72; Kirchmair, 2022, S. 72).

Ihren Ursprung hat diese Idee in der Tiefenpsychologie von Sigmund Freud (1856-1939), der davon ausging, dass der Mensch unbewusste Abwehrmechanismen entwickelt, um psychische Konflikte zu verarbeiten. Unter anderem gehören zu diesen Maßnahmen Verdrängung, nachträgliche Rechtfertigung (Rationalisierung) und Projektion, womit die Übertragung oder Verlagerung von inneren Vorgängen nach außen gemeint ist. Diese Verlagerung machen sich projektive Verfahren zu Nutze, um implizite Motive zu messen (Kirchmair, 2022, S. 93).

Eine bekannte Methode ist in diesem Zusammenhang der thematische Apperzeptionstest (TAT) sowie dessen Weiterentwicklung, die Picture Story Exercise (PSE), bei dem den Proband*innen mehrdeutige Bilder gezeigt werden, aufgrund dessen sie eine Geschichte erfinden und niederschreiben sollen. Indem in diesen Interpretationen und Beschreibungen persönliche Wahrnehmungen, Wünsche und Ängste auf die Personen und Situationen auf den Bildern übertragen werden, kann so auf implizite Motive geschlossen werden. Dadurch kann umgangen werden, dass die untersuchte Person aus Scham oder Angst falsche oder keine Angaben macht, was zu Verzerrungen im Erhebungsverfahren führen würde. Die Geschichten werden dann von der Untersuchungsleitung mittels komplexer Kategoriesysteme nach den drei großen Motivklassen Macht, Anschluss und Leistung („big three") verrechnet. (Brandstätter et al., 2018, S. 86; Eid et al., 2017, S. 71–72; Sokolowski, 2013, S. 255).

Weitere Möglichkeiten zur Erfassung impliziter Motive stellen der Operante Motivtest (OMT) und das semiprojektive Verfahren Multi-Motiv-Gitter (MMG) dar. Obgleich auch diese beiden Tests auf Bildmaterial beruhen, sollen beim Operanten Motivtest lediglich Stichpunkte zu vorgegebenen Fragen notiert werden. Bei der Auswertung wird mittels komplexer Subkategorien auf die oben genannten Motive Leistung, Macht und Anschluss geschlossen. Im Gegensatz dazu zeigt das Multi-Motiv-Gitter kleine Strichzeichnungen mit vorgefertigten Aussagen zu den jeweiligen Situationen, denen die Proband*innen zustimmen können oder nicht. Bei diesem Test kann zusätzlich die Furcht- und Hoffnungskomponente der drei genannten Motive untersucht werden (Brandstätter et al., 2018, S. 88–89).

In der folgenden Abbildung sind Beispiele verschiedener Tests zur Veranschaulichung dargestellt:

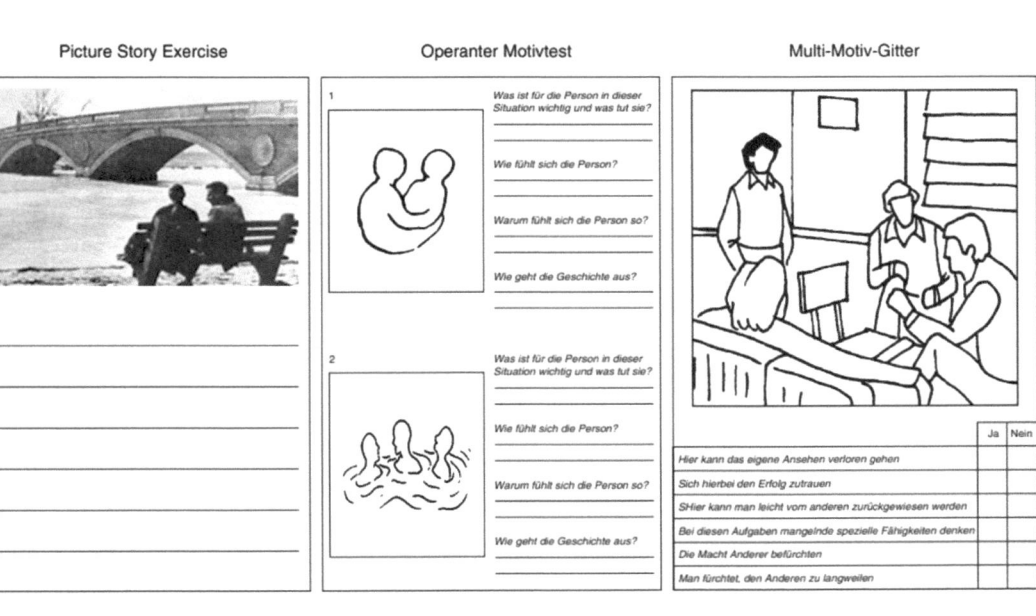

Abb. 3:   Beispielbilder zur Erfassung impliziter Motive

Quelle: Müsseler & Rieger, 2017, S. 234

Bei der Entwicklung der Messmethoden muss stets die Einhaltung wissenschaftlicher Gütekriterien Objektivität in Durchführung und Auswertung, Reliabilität (Zuverlässigkeit) und Validität (Gültigkeit) angestrebt werden. Kritische Stimmen bemängeln beispielsweise speziell beim TAT eine zu geringe Objektivität sowie eine geringe Ausprägung der Reliabilität. Im

Allgemeinen weisen Kritiker darauf hin, dass eine nur mäßige zeitliche Stabilität und eine zu geringe positive Korrelation zwischen den Motivwerten verschiedener Bilder bei bildgestützten projektiven Verfahren vorliegen. Zudem besteht die Gefahr von Unklarheiten in der Interpretation der erfundenen Geschichten der Proband*innen sowie das Problem, dass sensitive Personen oder fantasievolle Menschen sich so gut in die gezeigten Bilder hineinversetzen könnten, dass sie völlig frei, ohne Involvierung eigener Motive eine passende Geschichte formulieren könnten. Insofern gestaltet sich die Auswertung sehr schwierig und darf ausschließlich von geschultem Fachpersonal durchgeführt werden (Asendorpf & Neyer, 2017, S. 180–181; Heckhausen & Heckhausen, 2018, S. 172).

Weitere Möglichkeiten der Erfassung impliziter Motive sind unter anderem psychotaktische Befragungstechniken (Stellen projektiver Fragen), projektive Ergänzungstechniken (Satzergänzung, Sprechblasentest), projektive Ausdruckstechniken (Fantasie-/Zeitreise) oder Reflexionsfragen über Tätigkeitsvorlieben. Auch hier besteht die Option, dass Personen nicht gemäß ihren impliziten Motiven antworten oder eventuell beim Gestalten der Antworten nicht in dem Maße kreativ und motiviert sind, wie es für den Testablauf erforderlich wäre. Demnach sind auch diese Möglichkeiten nicht verfälschungsresistent.

Auch wenn projektive Verfahren umstritten sind, verfolgen sie trotz aller Schwierigkeiten und Unklarheiten das Ziel, mit und für die Person, die einen inneren Konflikt lösen möchte, herauszufinden, wie Herz (implizite Motive) und Kopf (explizite Motive) in Einklang gebracht werden können, damit Wohlbefinden und ein positives Zielstreben im Alltag erreicht werden kann (Brandstätter et al., 2018, S. 94; Kirchmair, 2022, S. 97–116).

3.2   Einsatz der Messmethoden in der Eignungsdiagnostik

Ziel der Eignungsdiagnostik ist einerseits das Herauskristallisieren und Erarbeiten von Beziehungen zwischen den Merkmalen einer Person - wie Fähigkeiten, Fertigkeiten, Kenntnisse - und ihrem beruflichen Erfolg sowie andererseits die Messung dieser Faktoren mit geeigneten Verfahren, um eine Vorhersage über den zukünftigen Berufserfolg treffen zu können. Zu den persönlichen Merkmalen zählen auch Bedürfnisse, Wünsche, Interessen sowie Motive und dem Erfolg wird neben Leistung auch Arbeitszufriedenheit, psychische und physische Gesundheit sowie Erfolgserleben zugerechnet (Achouri, 2015, S. 59; Kersting & Palmer, 2017, S. 32, 33, 36).

In der DIN-Norm 33430 werden die Anforderungen zur Eignungsdiagnostik festgehalten und der Begriff Eignung folgendermaßen definiert: „Grad der Ausprägung in dem eine Person über die Eignungsmerkmale verfügt, die Voraussetzung für die jeweils geforderte berufliche

Leistungshöhe sind und zur Zufriedenheit mit dem zu besetzenden Arbeitsplatz, dem Aufga-benfeld, der Ausbildung bzw. dem Studium oder dem Beruf beitragen." (Kersting & Palmer, 2017, S. 32).

Motive gehören, wie Persönlichkeit, (kognitive) Fähigkeiten und Interessen, zu den generi-schen Eignungsmerkmalen. Das bedeutet, sie sind nicht speziell für eine Berufssparte wichtig, sondern ein bedeutendes Eignungsmerkmal für viele Berufsgruppen. Jedoch wird die Motivdi-agnostik – speziell die Erfassung der impliziten Motive – in der Eignungsbeurteilung häufig vernachlässigt, obgleich sie für die Personalauswahl bedeutsam und interessant sein müsste. Denn eine gute Arbeitsstelle-Mensch-Passung kann sich für beide Seiten - Beschäftigte und Unternehmen - gewinnbringend und erfolgversprechend entwickeln.

Zum Beispiel kommen implizite Motive bezüglich des Leistungsmotivs bei längerfristig ange-setzten beruflichen Karrieren und Erfolgen zum Tragen, da stets ein inneres Leistungsniveau aufrechterhalten werden muss. Allerdings fußt die Basis der Messmethoden zur Untersuchung impliziter Motive, zu denen die beschriebenen projektiven Verfahren gehören (Kapitel 3.1), auf Intransparenz. Somit ist die Durchführung im Hinblick auf rechtliche Normen problematisch und die Unwissenheit über das Erkenntnisziel kann bei den Testpersonen zu mangelnder Ak-zeptanz führen (Achouri, 2015, S. 127+134; Diercks, Jansen & Kupka, 2023, S. 140)

Des Weiteren kritisiert zum Beispiel Heckhausen (2018) die mangelnde Testgüte des TAT, wobei Chlupsa (2022) den Nachfolger PSE besser als den OMT und den MMG bewertet, je-doch den hohen Zeitaufwand und somit auch die hohen Kosten sowie das benötigte Exper-tenwissen für die Auswertung als suboptimal einstuft (Chlupsa, 2022, S. 276; Heckhausen & Heckhausen, 2018, S. 213).

Zu mangelnden Gütekriterien kommt hinzu, dass Bewerber bei projektiven Verfahren meist nicht erkennen können, inwieweit die Fragen mit dem Anforderungsprofil der Arbeitsstelle in Verbindung zu bringen sind, was wiederum einer Verminderung der Akzeptanz zuträglich ist. Zudem sind projektive Methoden nicht absolut verfälschungssicher (Diercks et al., 2023, S. 141).

Eine Weiterentwicklung ist unabdingbar, um moderne Eignungsdiagnostik voranzutreiben. Un-ter anderem zeigt sich ein Fortschritt bereits im Einsatz von künstlicher Intelligenz (KI), indem eine Sprachanalysesoftware beziehungsweise Videoanalysesoftware versucht, unbewusste Anteile im Sprachkonstrukt und stimmlichem Ausdruck beziehungsweise in Mimik und Blick-wechsel herauszufiltern und so auf die Persönlichkeit des Bewerbers zu schließen. Doch auch dieser Einsatz wird kontrovers diskutiert, da zum Beispiel die Reliabilität nicht gegeben und eine prognostische Validität nicht nachzuweisen ist sowie geprüft werden müsste, in welchem Zusammenhang die gefundenen Persönlichkeitsmerkmale mit zukünftigen Berufskriterien stehen. Außerdem hat die KI in ersten Experimenten noch gravierende Fehleinschätzungen abgegeben (Diercks et al., 2023, S. 143–145).

Abschließend lässt sich festhalten, dass implizite Motive ein schwer zugängliches, aber bedeutsames Konstrukt darstellen, was eine exakte Messung mit bisherigen Methoden nahezu unmöglich macht. Damit Menschen aber ihr volles Potenzial ausschöpfen und entfalten können, ist es sinnvoll, die persönlichen Fähigkeiten gut zu (er)kennen. Bei diesem Vorgang kann eine professionelle Eignungsdiagnostik, welche mit verschiedenen Verfahren ein umfassendes Bild einer Person zeichnet, hilfreich sein (Achouri, 2015, S. 63; Heckhausen & Heckhausen, 2018, S. 213).

Literaturverzeichnis

Achouri, C. (2015). *Human Resources Management. Eine praxisbasierte Einführung* (Springer Gabler Lehrbuch, 2., Aufl.). Wiesbaden: Springer Gabler.

Asendorpf, J. B. & Neyer, F. J. (2017). *Psychologie der Persönlichkeit* (Springer-Lehrbuch, 6. Aufl. 2018). Berlin, Heidelberg: Springer Berlin Heidelberg. Verfügbar unter: http://nbn-re-solving.org/urn:nbn:de:bsz:31-epflicht-1542210

Bak, P. M. (2019). *Lernen, Motivation und Emotion.* Cham: Springer.

Becker-Carus, C. & Wendt, M. (2017). *Allgemeine Psychologie. Eine Einführung* (Lehrbuch, 2., vollständig überarbeitete und erweiterte Neuauflage). Berlin: Springer.

Brandstätter, V. & Otto, J. H. (2009). Motivation und Emotion: Eine Einführung. In V. Brandstätter & J. H. Otto (Hrsg.), *Handbuch der allgemeinen Psychologie - Motivation und Emotion* (Handbuch der Psychologie / hrsg. von J. Bengel, Bd. 11). Göttingen: Hogrefe.

Brandstätter, V., Schüler, J., Puca, R. M. & Lozo, L. (2018). *Motivation und Emotion. Allgemeine Psychologie für Bachelor : mit 33 Abbildungen und 9 Tabellen* (Springer-Lehrbuch, 2. Auflage). Berlin, Heidelberg: Springer. https://doi.org/10.1007/978-3-662-56685-5

Chlupsa, C. (2022). *Der Einfluss unbewusster Motive auf den Entscheidungsprozess. Wie implizite Codes Managemententscheidungen steuern* (2., überarbeitete und erweiterte Auflage). Wiesbaden, Heidelberg: Springer Gabler. Verfügbar unter: http://www.springer.com/

Diercks, J., Jansen, L. J. & Kupka, K. (2023). *Recrutainment. Gamification in Employer Branding, Personalmarketing und Personalauswahl* (2. Auflage). Wiesbaden: Springer Gabler. Verfügbar unter: http://www.springer.com/

Dörfler, T., Roos, J. & Gerrig, R. J. (Hrsg.). (2018). *Psychologie* (ps psychologie). Hallberg-moos/Germany: Pearson.

Eder, A. B. & Brosch, T. (2017). Emotion. In J. Müsseler & M. Rieger (Hrsg.), *Allgemeine Psychologie* (3. Aufl. 2017, S. 185–222). Berlin, Heidelberg: Springer Berlin Heidelberg; Imprint: Springer.

Eid, M., Gollwitzer, M. & Schmitt, M. (2017). *Statistik und Forschungsmethoden. Mit Online-Materialien* (5., korrigierte Auflage). Weinheim, Basel: Beltz.

Festinger, L. (2020). *Theorie der kognitiven Dissonanz* (3., unveränderte Auflage, Faksimile-Reprint der deutschsprachigen Erstausgabe von 1978). Bern: Hogrefe.

Fischer, P., Jander, K. & Krueger, J. I. (2018). *Sozialpsychologie für Bachelor* (Springer-Lehrbuch, 2. Auflage). Berlin, Heidelberg: Springer.

Hecker, F. (2019). *Crashkurs Service-Exzellenz. So heben Sie sich durch herausragenden Service vom Onlinehandel ab.* Wiesbaden, Heidelberg: Springer Gabler.

Heckhausen, J. & Heckhausen, H. (Hrsg.). (2018). *Motivation und Handeln* (Springer-Lehrbuch, 5., überarbeitete und erweiterte Auflage). Berlin: Springer. https://doi.org/10.1007/978-3-662-53927-9

Holz, M. & Zapf, D. (2009). Emotionen in Organisationen. In V. Brandstätter & J. H. Otto (Hrsg.), *Handbuch der allgemeinen Psychologie - Motivation und Emotion* (Handbuch der Psychologie / hrsg. von J. Bengel, Bd. 11, S. 755–761). Göttingen: Hogrefe.

Horstmann, G. & Reisenzein, R. (2018). Emotion. In A. Kiesel & H. Spada (Hrsg.), *Lehrbuch Allgemeine Psychologie* (4., vollständig überarbeitete und erweiterte Auflage, S. 423– 492). Bern: Hogrefe.

Jansen, L. (2018). *Emotion.* Studienbrief der SRH Fernhochschule. Riedlingen.

Kauffeld, S. & Martens, A. (2018). Arbeitsanalyse und -gestaltung. In S. Kauffeld (Hrsg.), *Arbeits-, Organisations- und Personalpsychologie für Bachelor* (Springer-Lehrbuch, 3. Aufl. 2019, S. 261–305). Berlin, Heidelberg: Springer Berlin Heidelberg.

Kersting, M. & Palmer, C. (2017). Berufliche Eignung und ihre Diagnostik. In D. E. Krause (Hrsg.), *Personalauswahl. Die wichtigsten diagnostischen Verfahren für das Human Resources Management* (S. 28–56). Wiesbaden: Springer Gabler.

Kiesel, A. & Spada, H. (Hrsg.). (2018). *Lehrbuch Allgemeine Psychologie* (4., vollständig überarbeitete und erweiterte Auflage). Bern: Hogrefe.

Kindermann, H. & Javor, A. (2020). *Konsumentenverständnis. Verhaltenswissenschaftliche Grundlagen* (Lehrbuch). Wiesbaden, Heidelberg: Springer Gabler. https://doi.org/10.1007/978-3-658-28161-8

Kirchmair, R. (2022). *Qualitative Forschungsmethoden. Anwendungsorientiert: vom Insider aus der Marktforschung lernen* (Lehrbuch). Berlin, Heidelberg: Springer. https://doi.org/10.1007/978-3-662-62761-7

Müsseler, J. & Rieger, M. (Hrsg.). (2017). *Allgemeine Psychologie* (3. Aufl. 2017). Berlin, Heidelberg: Springer Berlin Heidelberg; Imprint: Springer.

Myers, D. G. (2014). *Psychologie. Mit 48 Tabellen* (Springer-Lehrbuch, 3., vollst. überarb. und erw. Aufl.). Berlin, Heidelberg: Springer.

Nerdinger, F. W., Blickle, G., Schaper, N. & Solga, M. (2019). *Arbeits- und Organisationspsychologie* (Springer-Lehrbuch, 4. Aufl. 2019). Berlin, Heidelberg: Springer Berlin Heidelberg. Verfügbar unter: http://nbn-resolving.org/urn:nbn:de:bsz:31-epflicht-1621497

Otterpohl, N. (2018). Wenn Schülern der Kragen platzt: Emotionsregulation im Kindes- und Jugendalter. In B. Spinath, O. Dickhäuser & C. Schöne (Hrsg.), *Psychologie der*

Motivation und Emotion. Grundlagen und Anwendung in ausgewählten Lern- und Arbeitskontexten (1. Auflage, S. 108–124). Göttingen: Hogrefe.

Raab, G., Unger, A. & Unger, F. (2022). *Marktpsychologie. Grundlagen und Anwendung* (Lehrbuch, 5. Auflage). Wiesbaden, Heidelberg: Springer Gabler.

Rothermund, K. (2015). Emotion. In A. Schütz (Hrsg.), *Psychologie. Eine Einführung in ihre Grundlagen und Anwendungsfächer* (5., überarbeitete und erweiterte Auflage, S. 152–169). Stuttgart, [Germany]: Verlag W. Kohlhammer.

Scheffer, D. (2009). Implizite und explizite Motive. In V. Brandstätter & J. H. Otto (Hrsg.), *Handbuch der allgemeinen Psychologie - Motivation und Emotion* (Handbuch der Psychologie / hrsg. von J. Bengel, Bd. 11). Göttingen: Hogrefe.

Schmedes, C. (2021). *Emotionsarbeit in der Pflege. Beitrag zur Diskussion über die psychische Gesundheit Pflegender in der stationären Altenpflege.* Wiesbaden: Springer Fachmedien Wiesbaden GmbH. Verfügbar unter: https://ebookcentral.proquest.com/lib/kxp/detail.action?docID=6380873

Sokolowski, K. (2013). *Allgemeine Psychologie für Studium und Beruf* (PS, Psychologie). München: Pearson.

Strobach, T. (Hrsg.). (2019). *Allgemeine Psychologie.* Cham: Springer.